Diary and Doodle

Personal Thoughts & Creativity

By:
New Creations

DATE

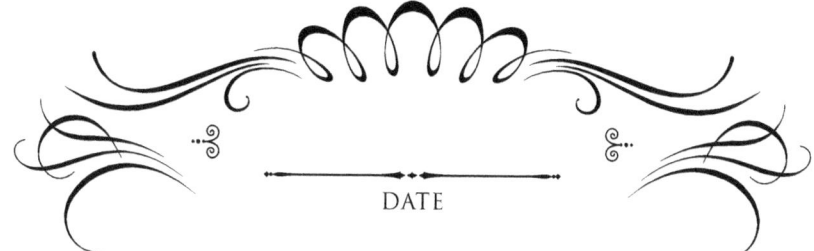

DATE

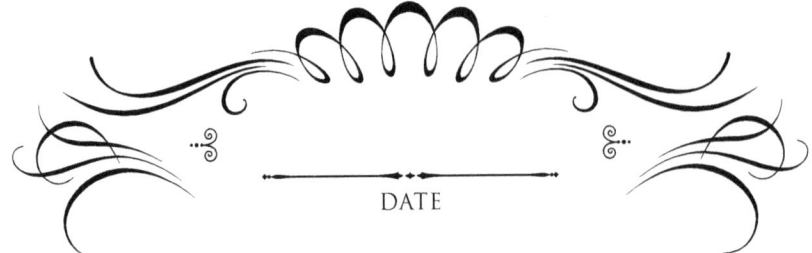

DATE

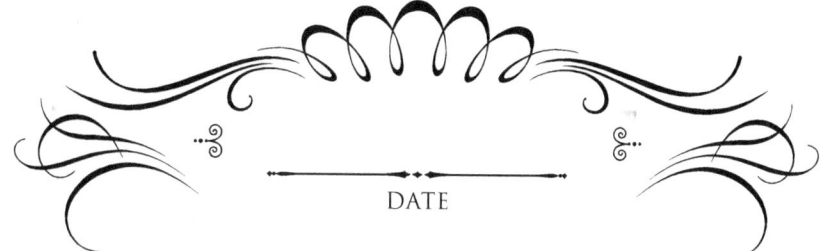

DATE

DATE

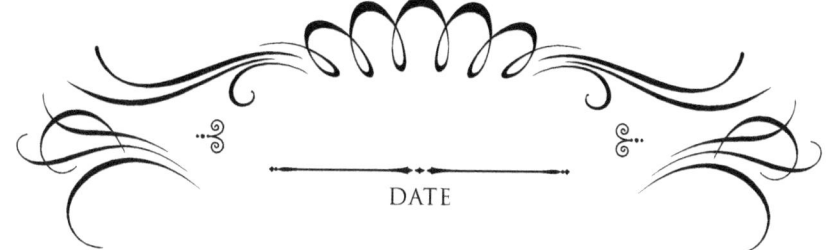

DATE

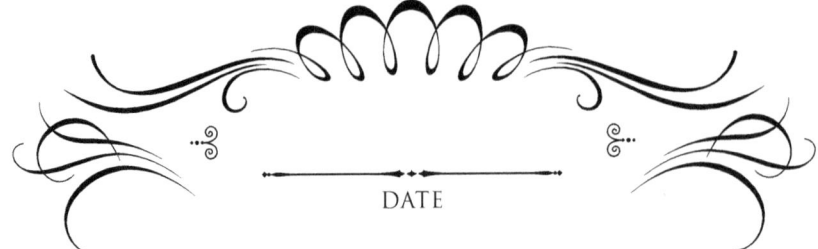

DATE

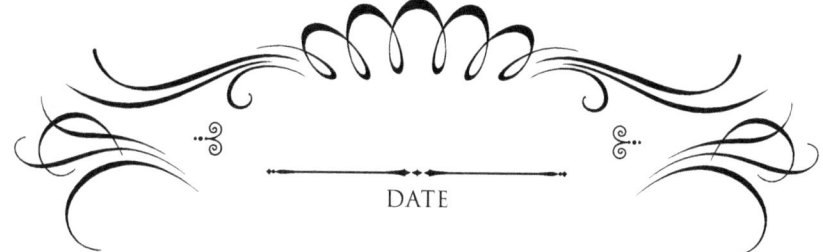

DATE

DATE

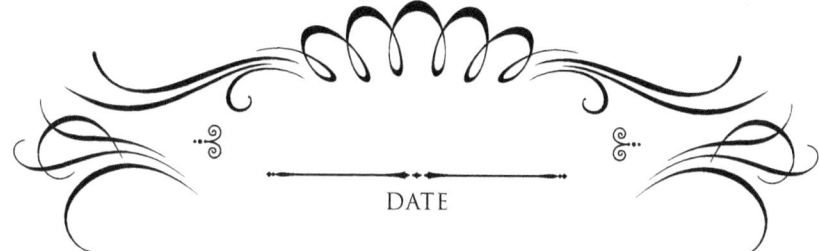

DATE

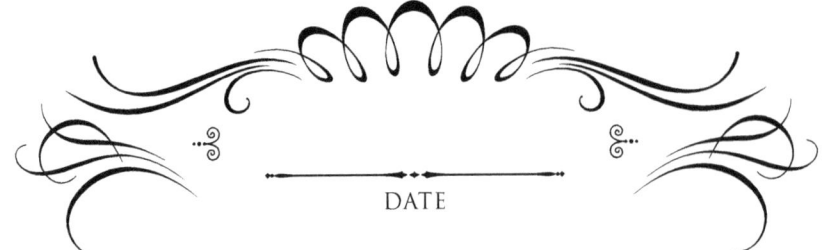

DATE

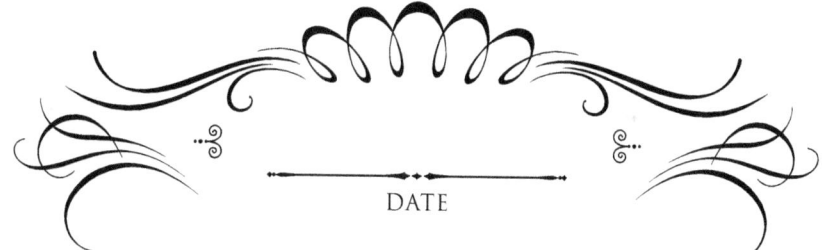

DATE

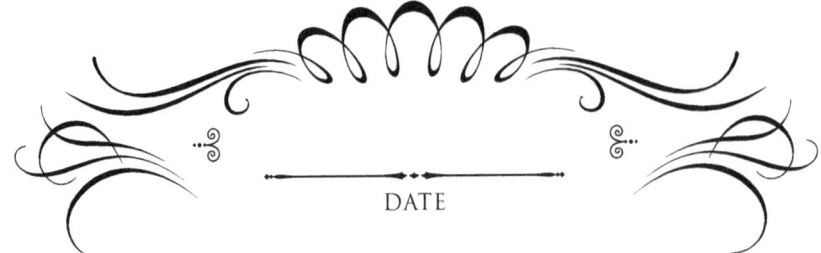

DATE

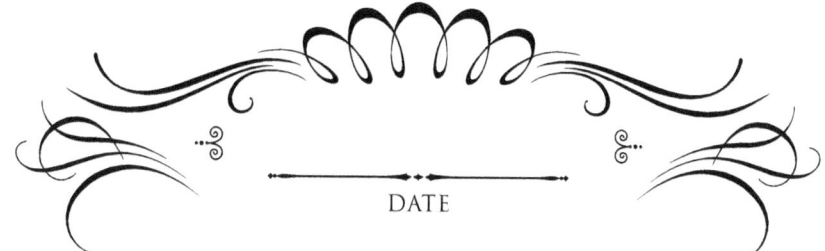

DATE

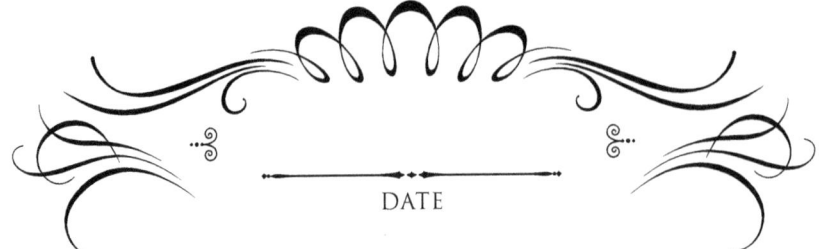

DATE

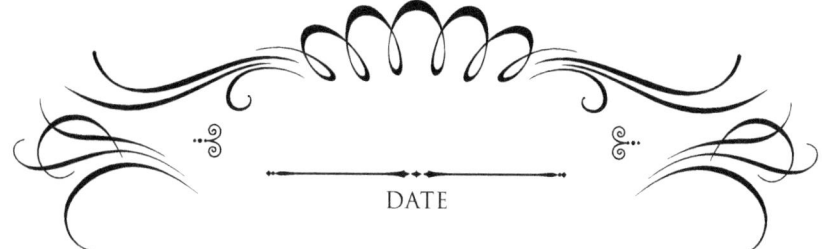

DATE

DATE

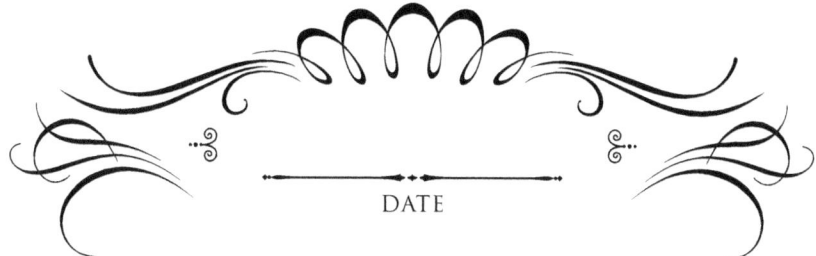

DATE

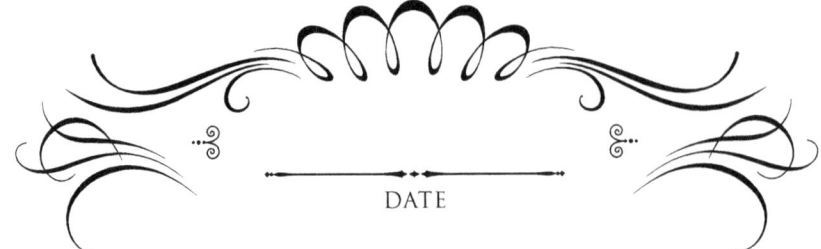

DATE

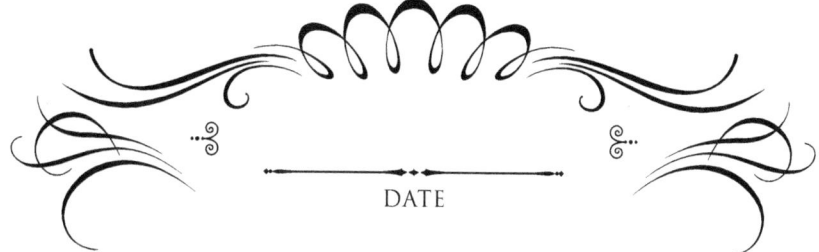

DATE

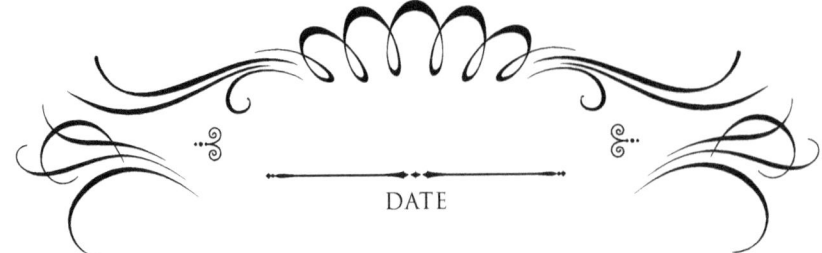

DATE

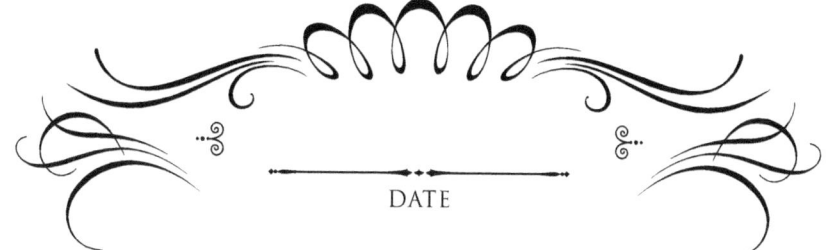

DATE

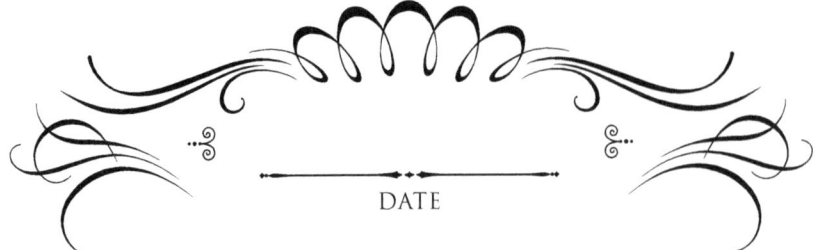

DATE

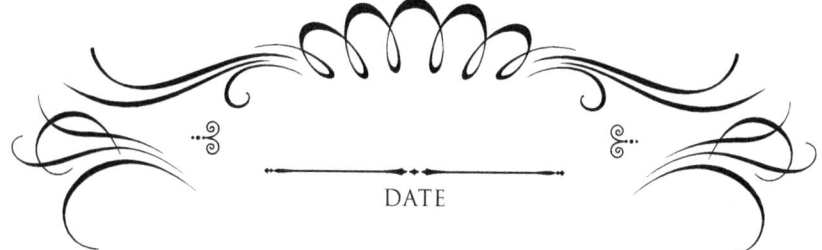

DATE

DATE

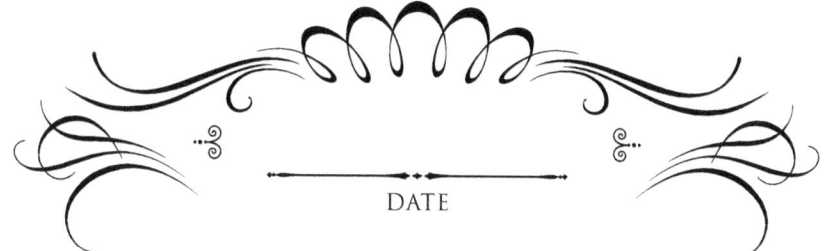

DATE

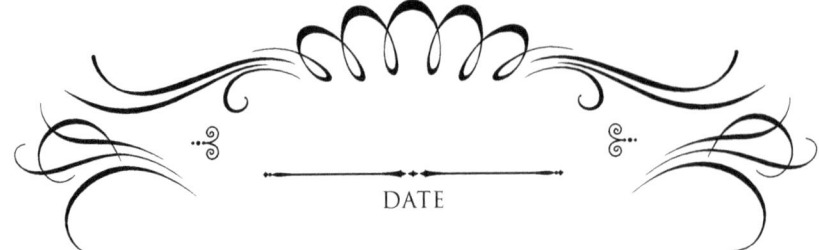

DATE

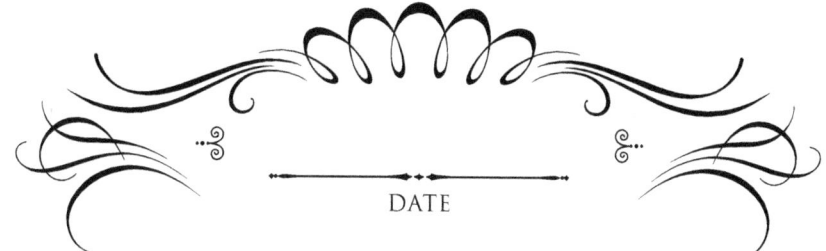

DATE

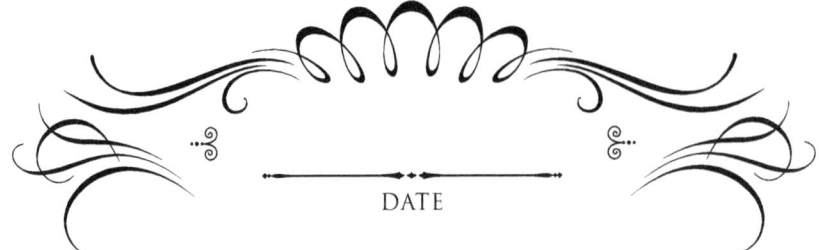

DATE

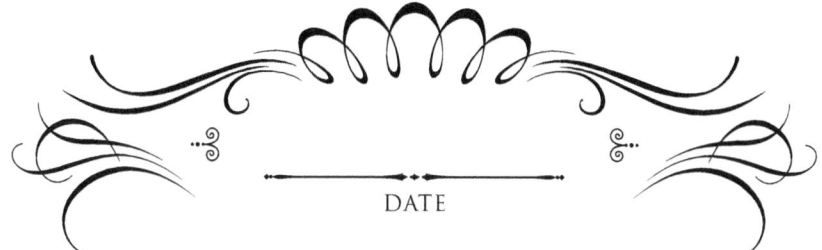

DATE

DATE

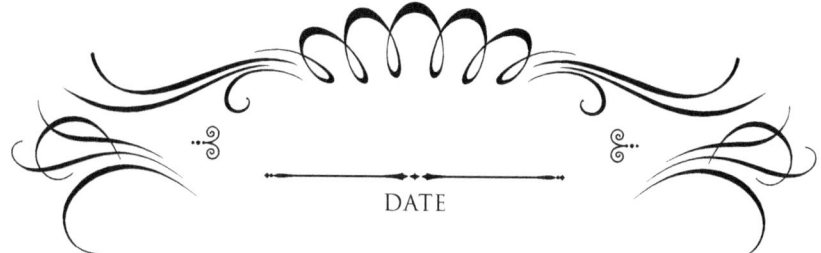

DATE

DATE

DATE

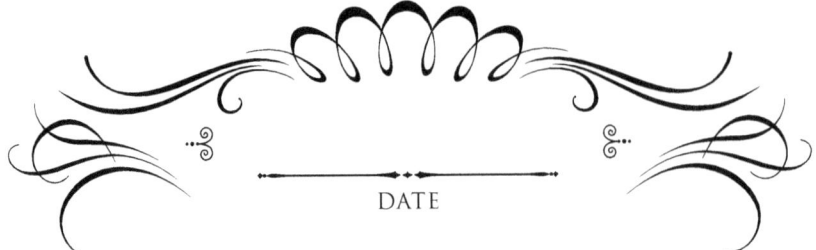

DATE

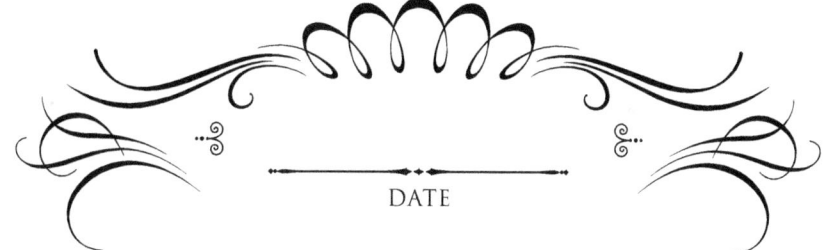

DATE

DATE

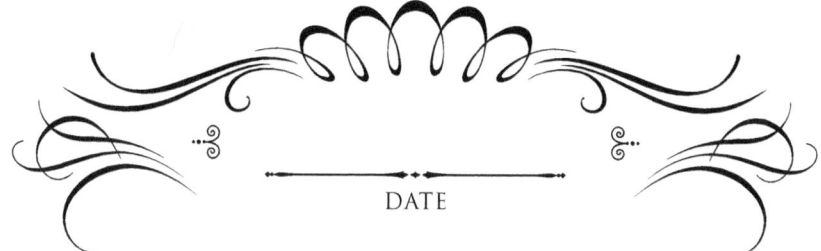

DATE

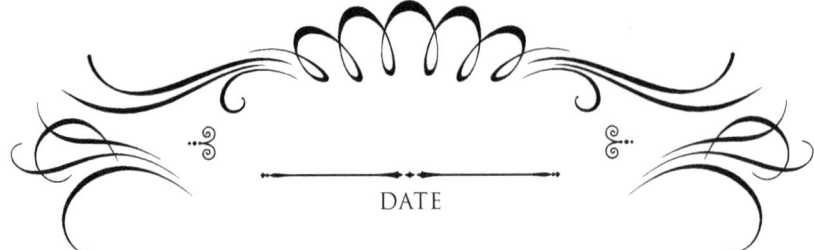

DATE

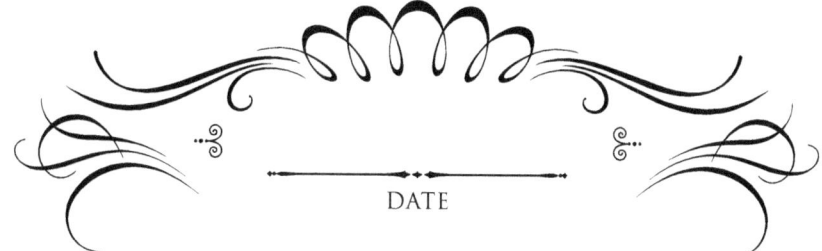

DATE

DATE

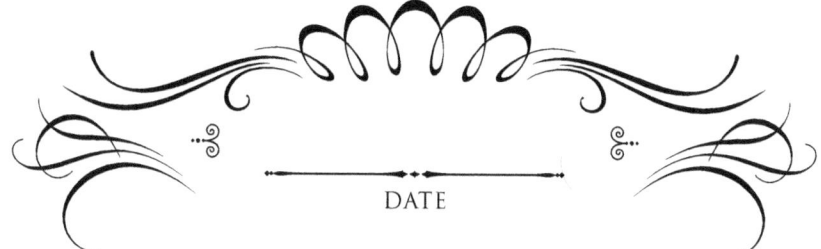

DATE

DATE

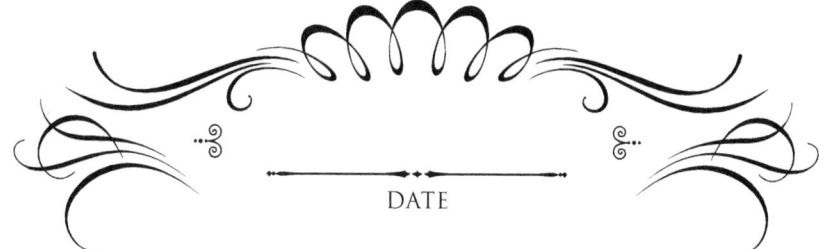

DATE

DATE

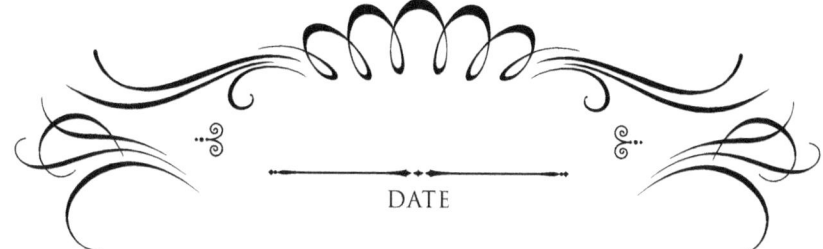

DATE

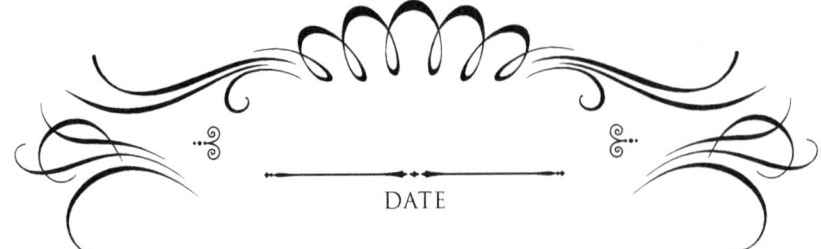

DATE

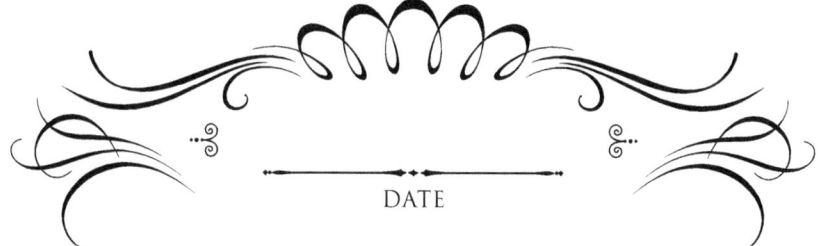

DATE

DATE

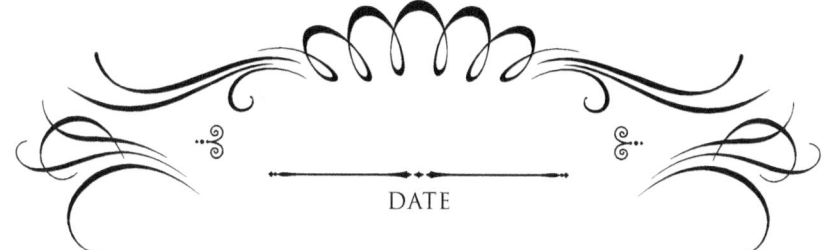

DATE

DATE

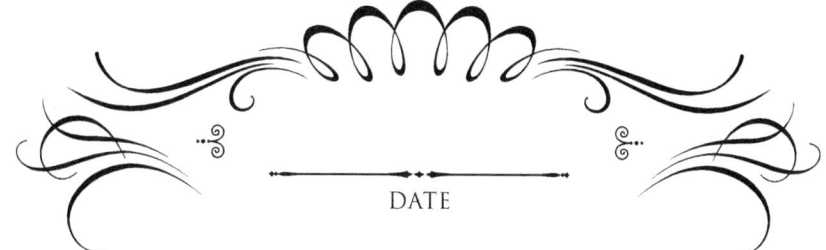

DATE

DATE

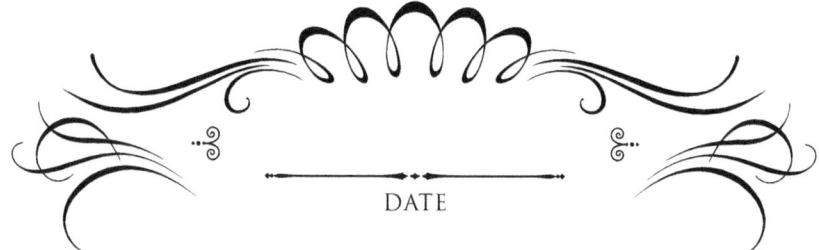

DATE

DATE

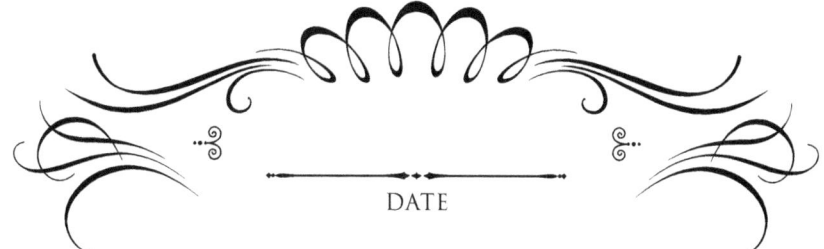

DATE

DATE

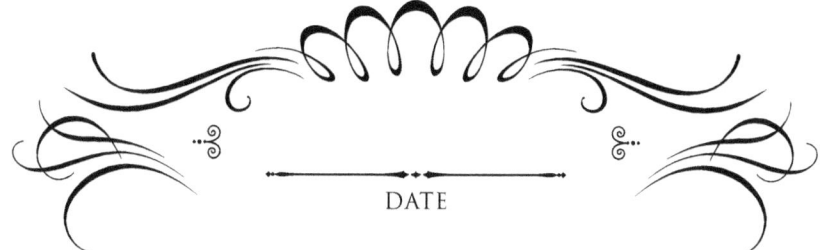

DATE

DATE

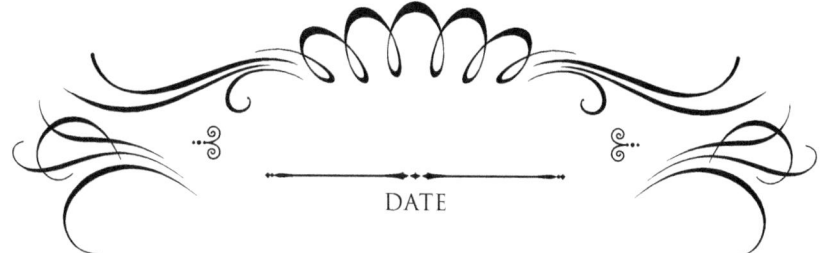

DATE

DATE

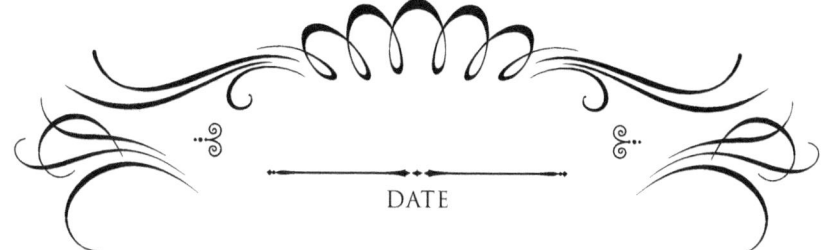

DATE

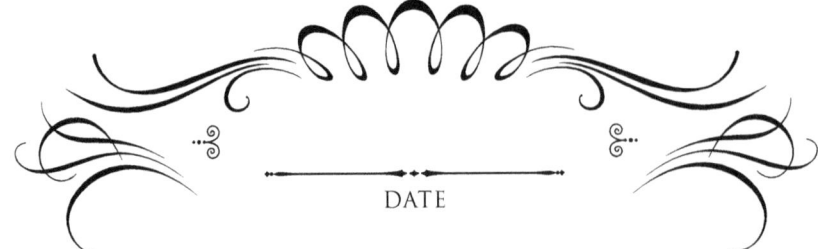

DATE

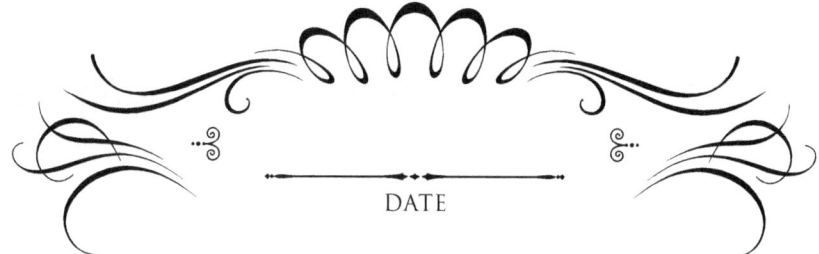

DATE

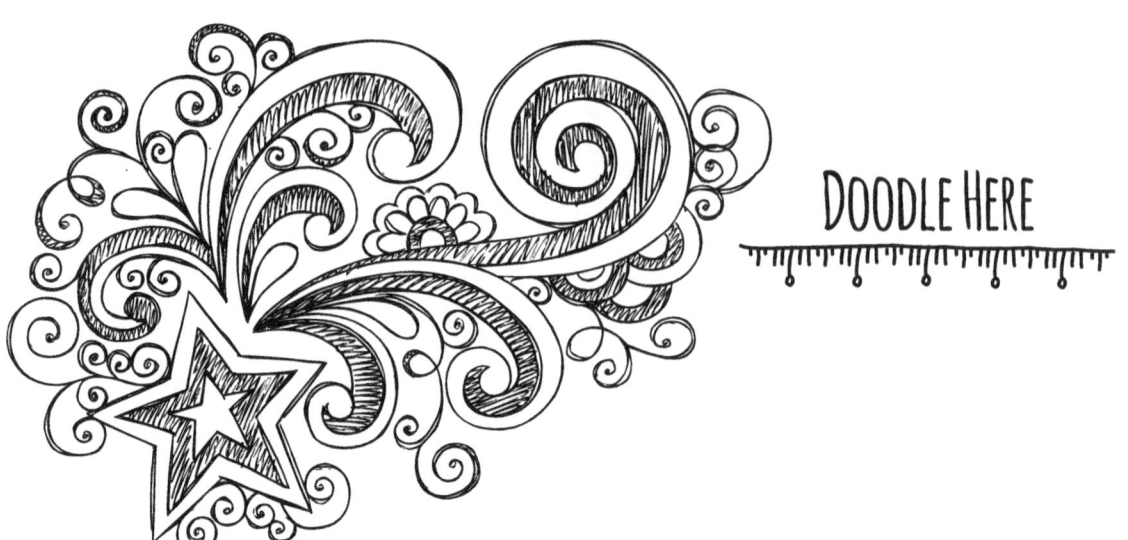

DOODLE HERE

DOODLE HERE

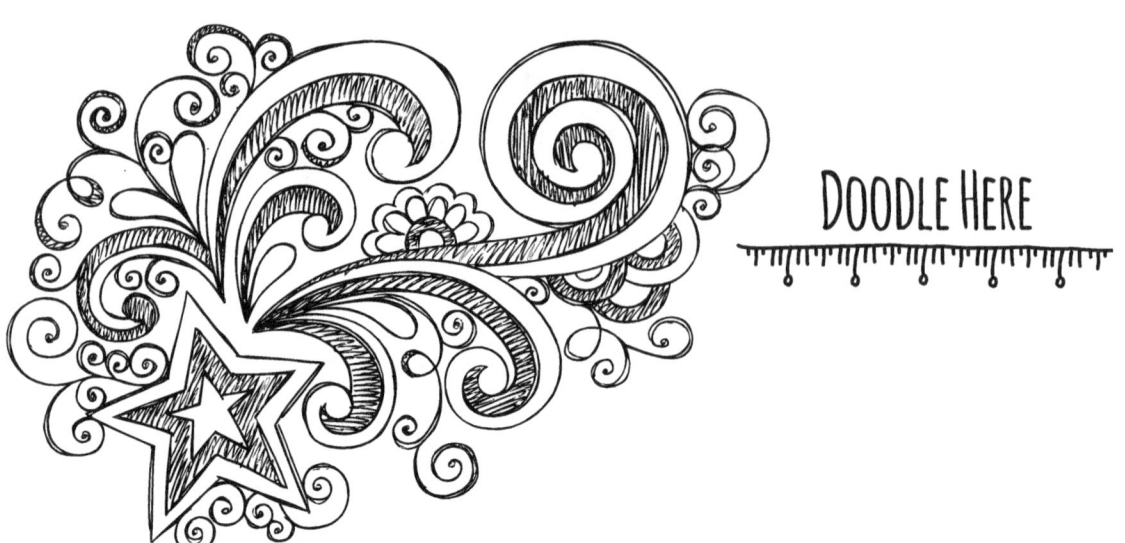

DOODLE HERE

DOODLE HERE

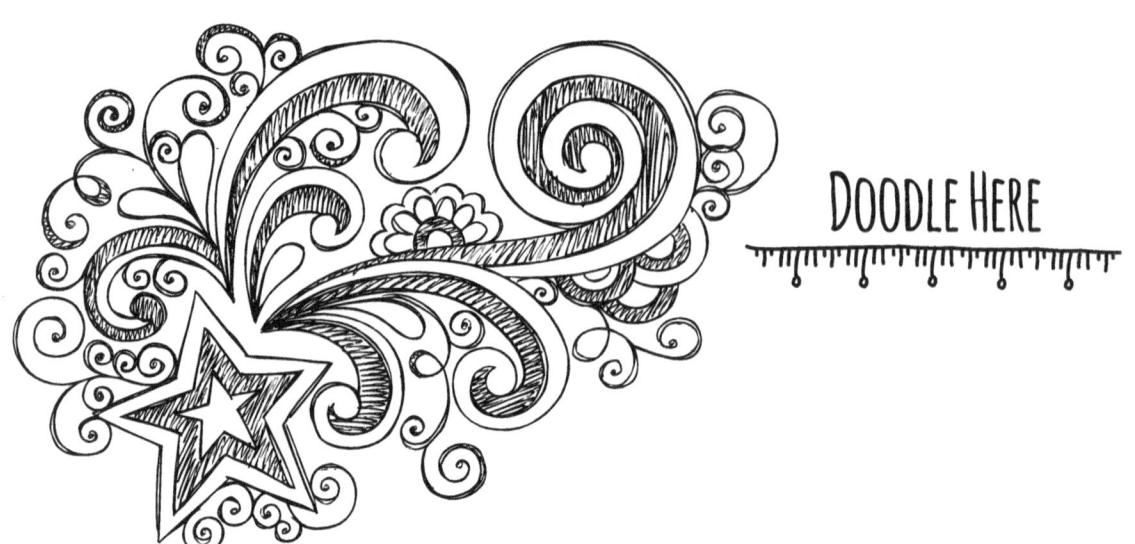

DOODLE HERE

DOODLE HERE

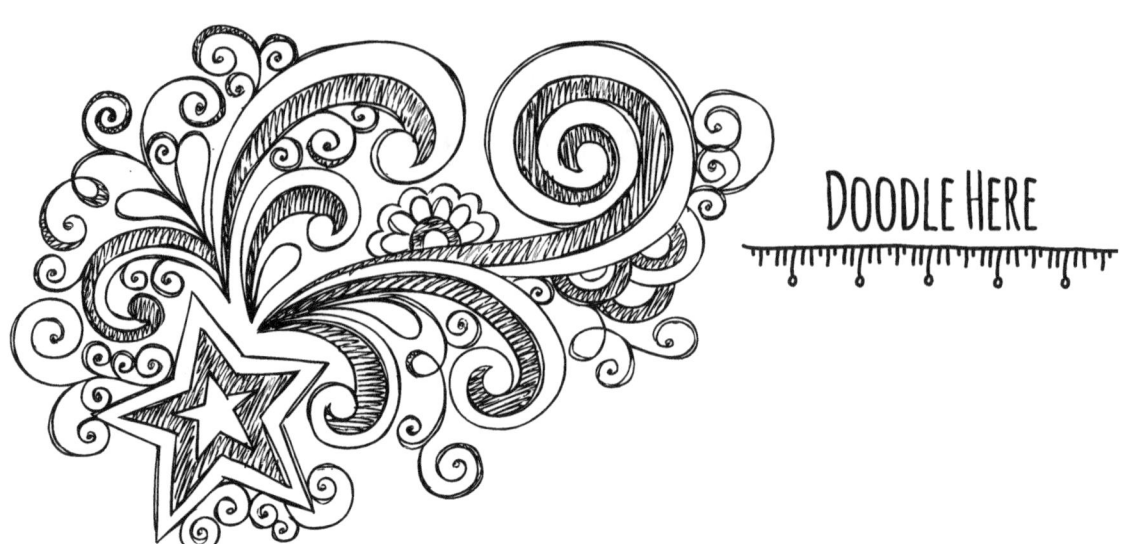

DOODLE HERE

DOODLE HERE

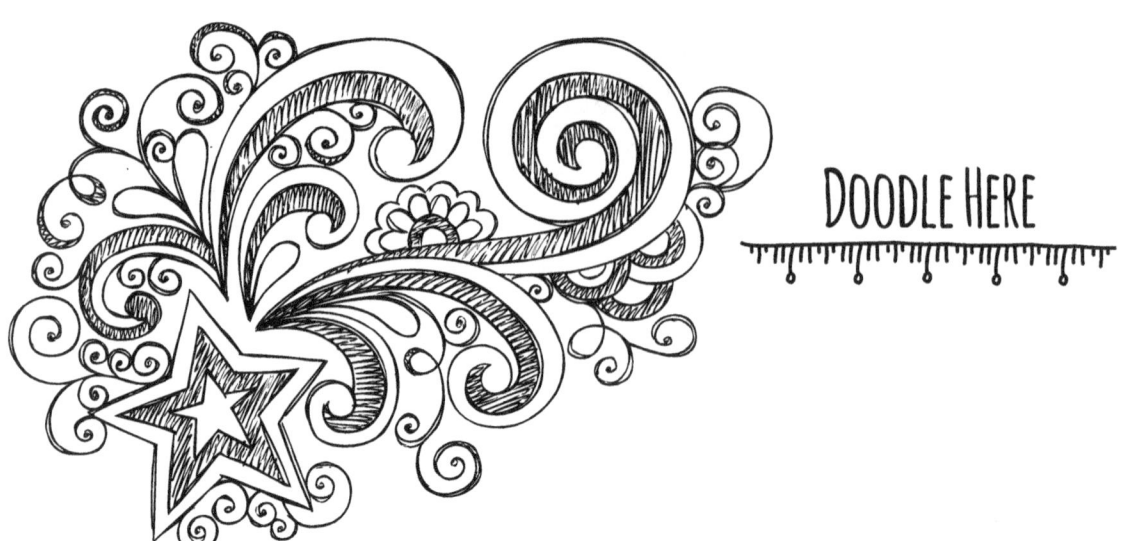

DOODLE HERE

DOODLE HERE

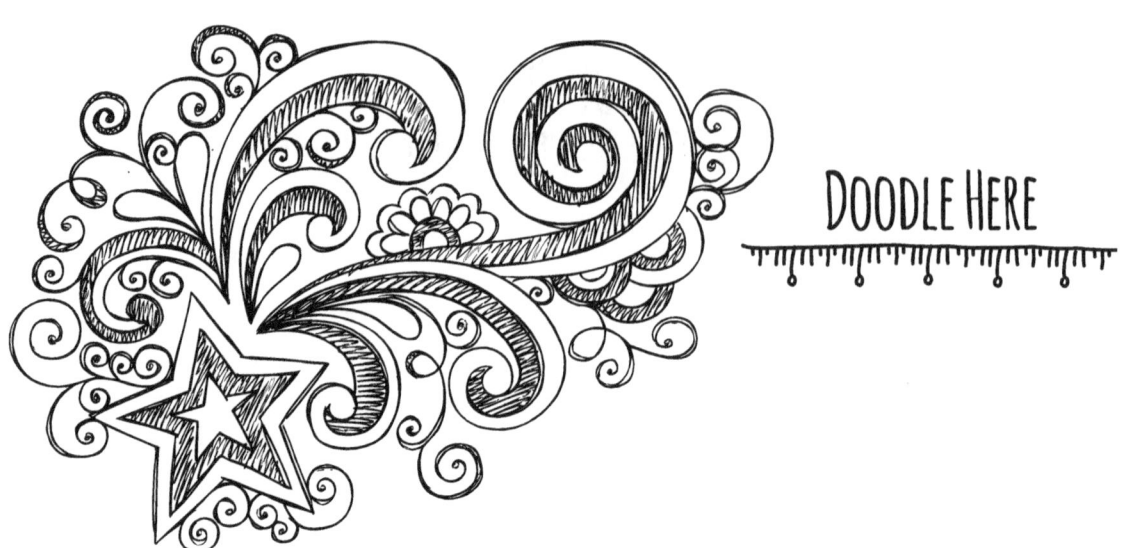

DOODLE HERE

DOODLE HERE

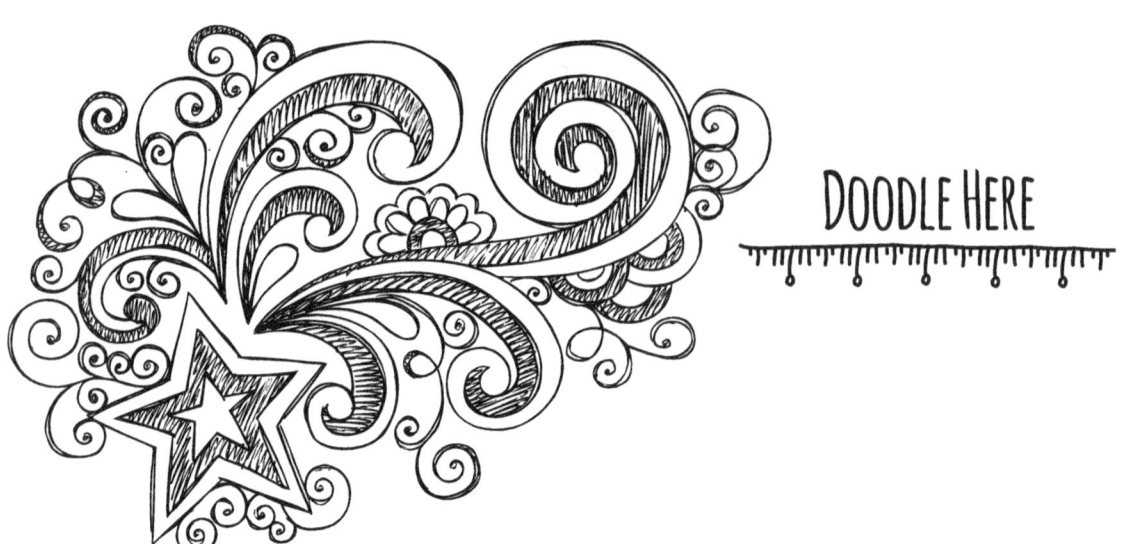

DOODLE HERE

DOODLE HERE

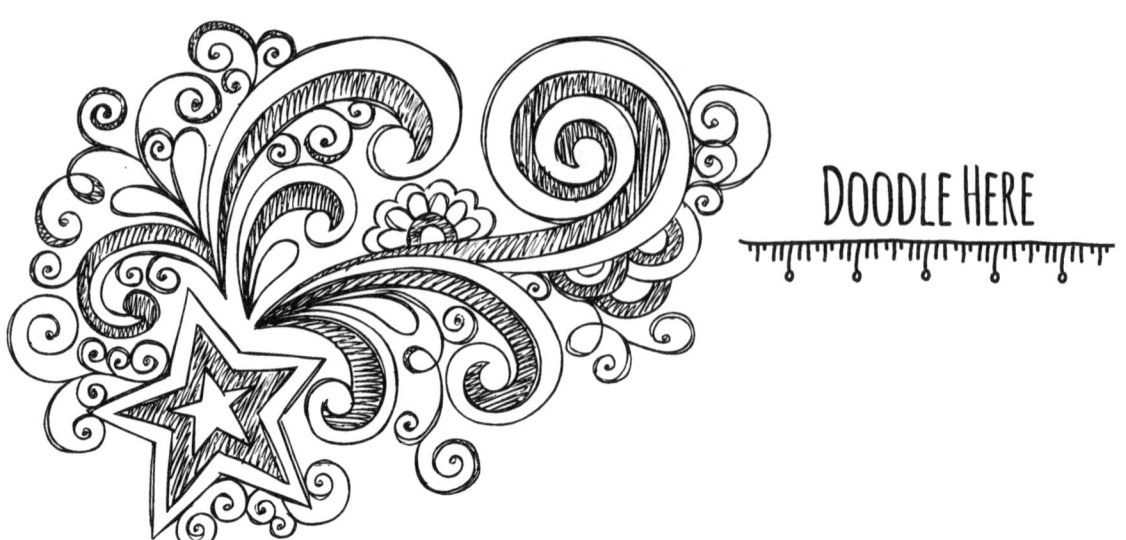

DOODLE HERE

DOODLE HERE

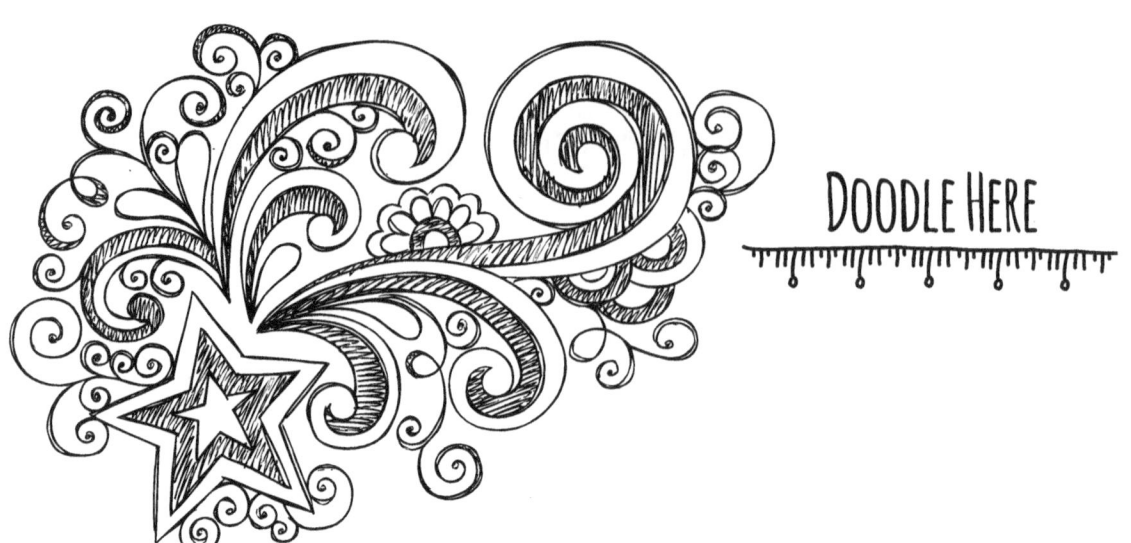

DOODLE HERE

DOODLE HERE

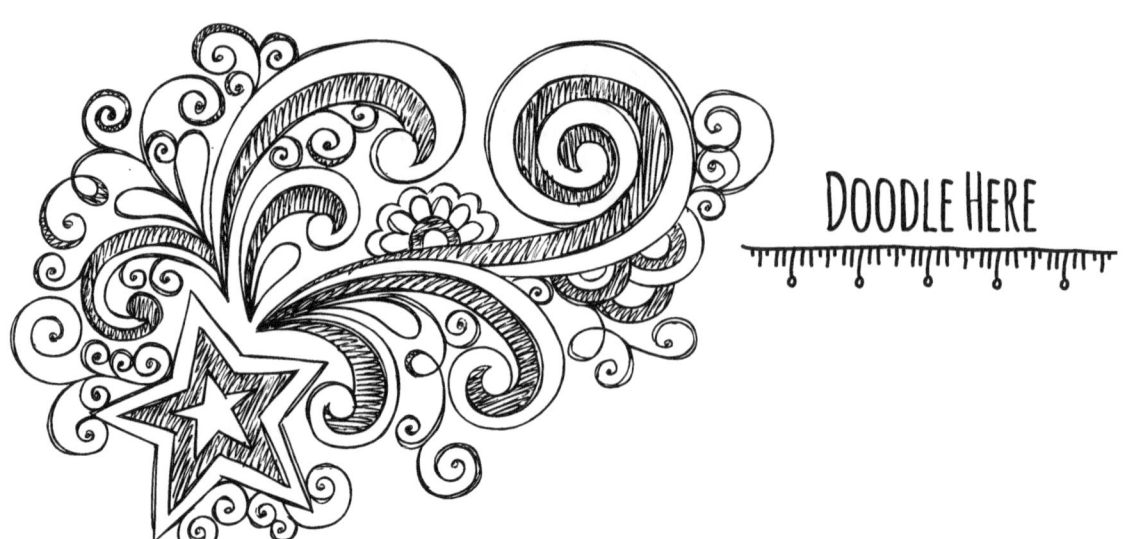

DOODLE HERE

DOODLE HERE

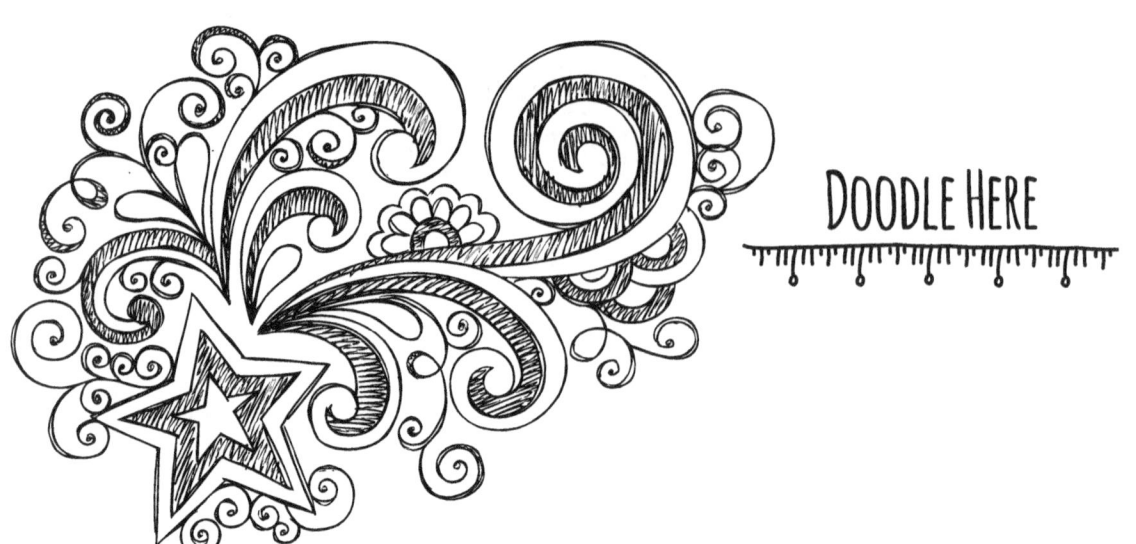

DOODLE HERE

DOODLE HERE

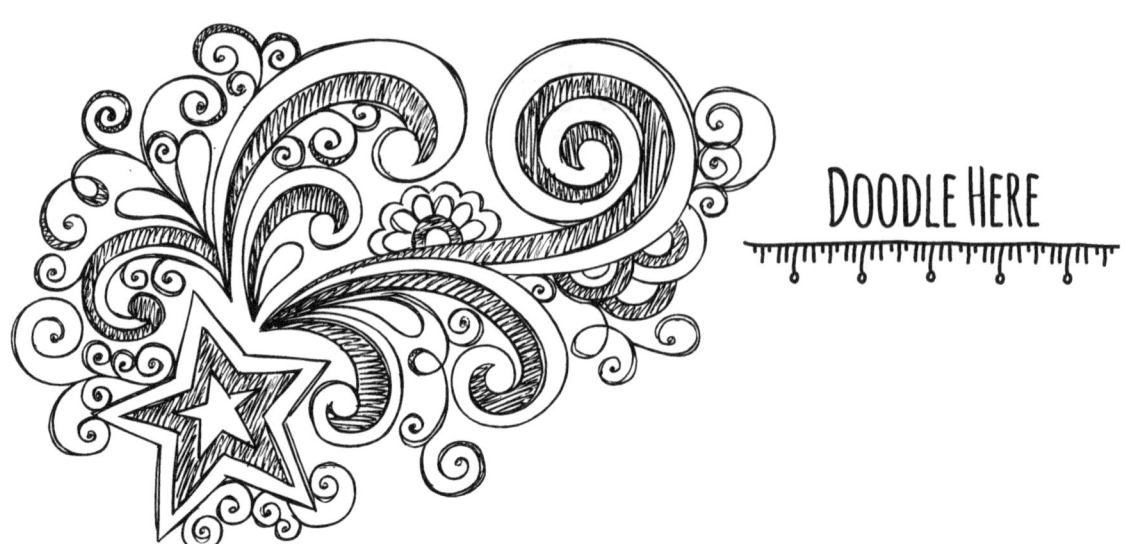

DOODLE HERE

DOODLE HERE

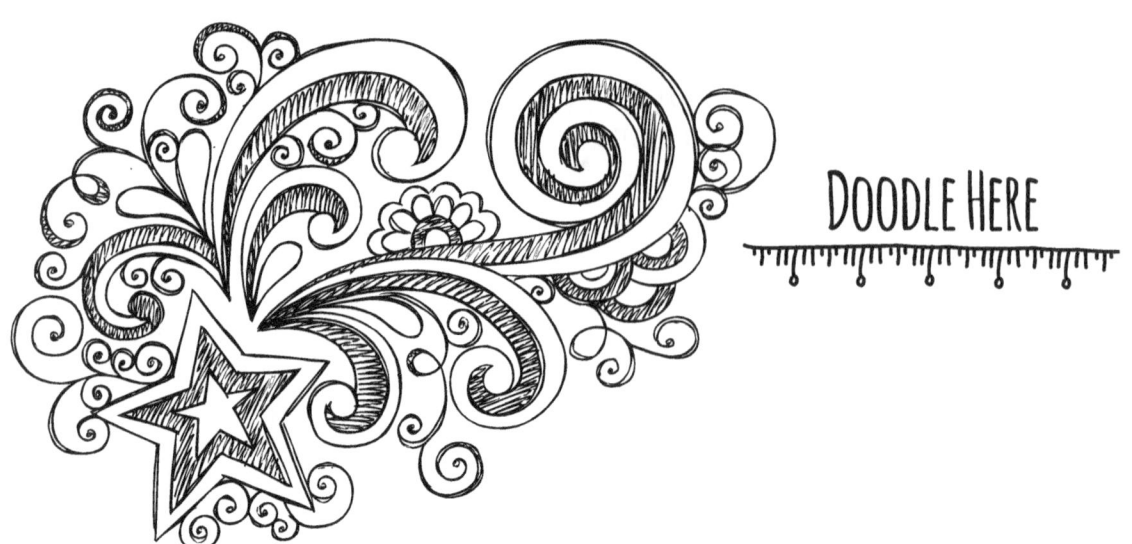

DOODLE HERE

DOODLE HERE

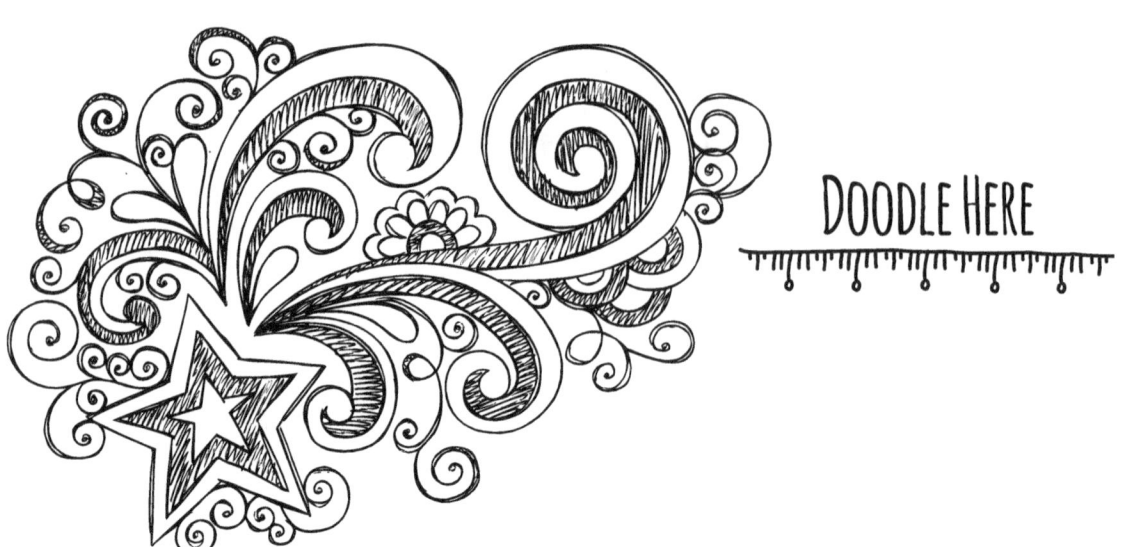

DOODLE HERE

DOODLE HERE

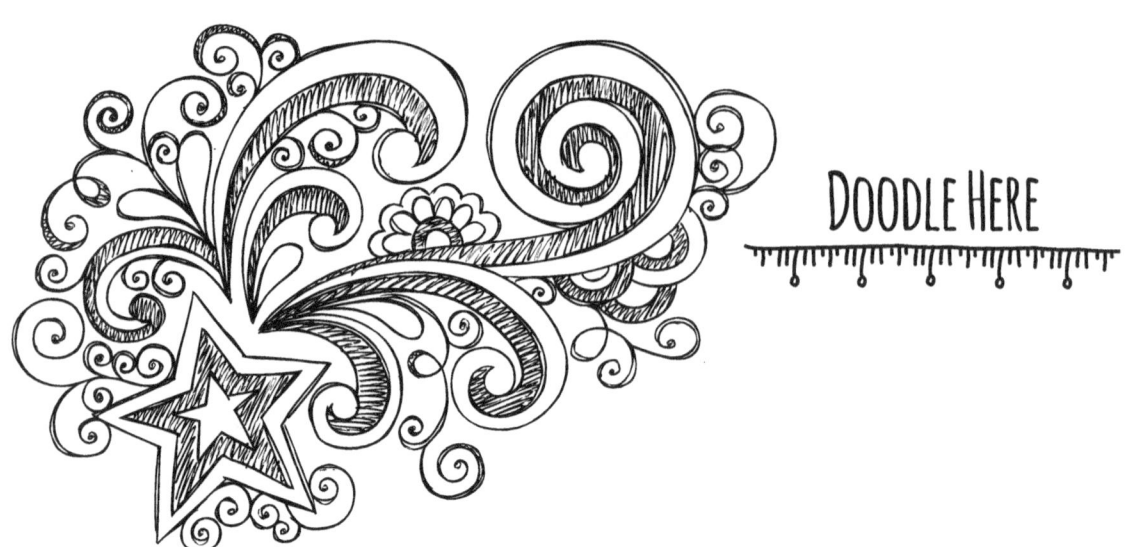

DOODLE HERE

DOODLE HERE

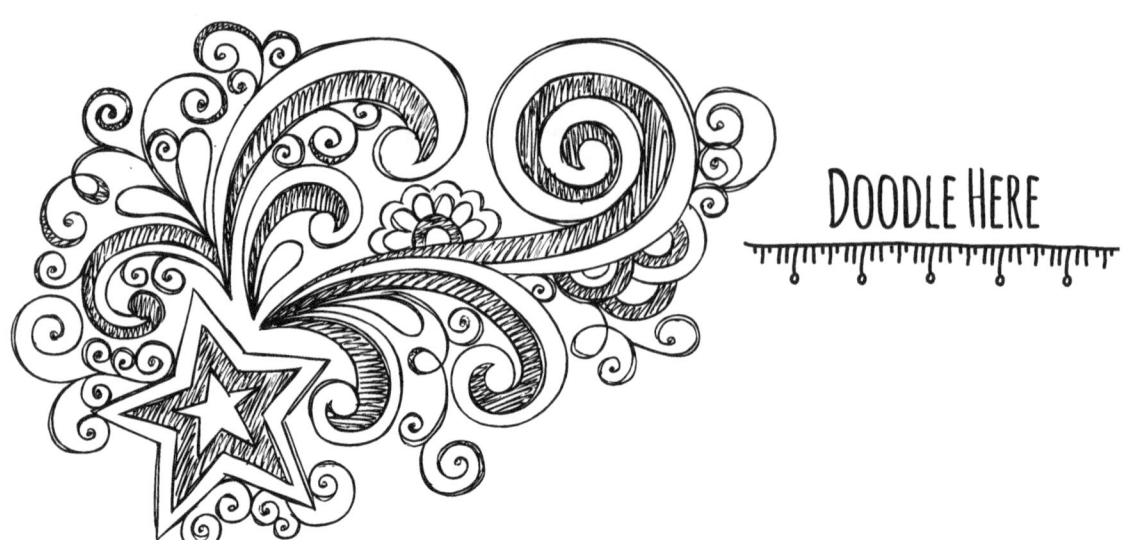

DOODLE HERE

DOODLE HERE

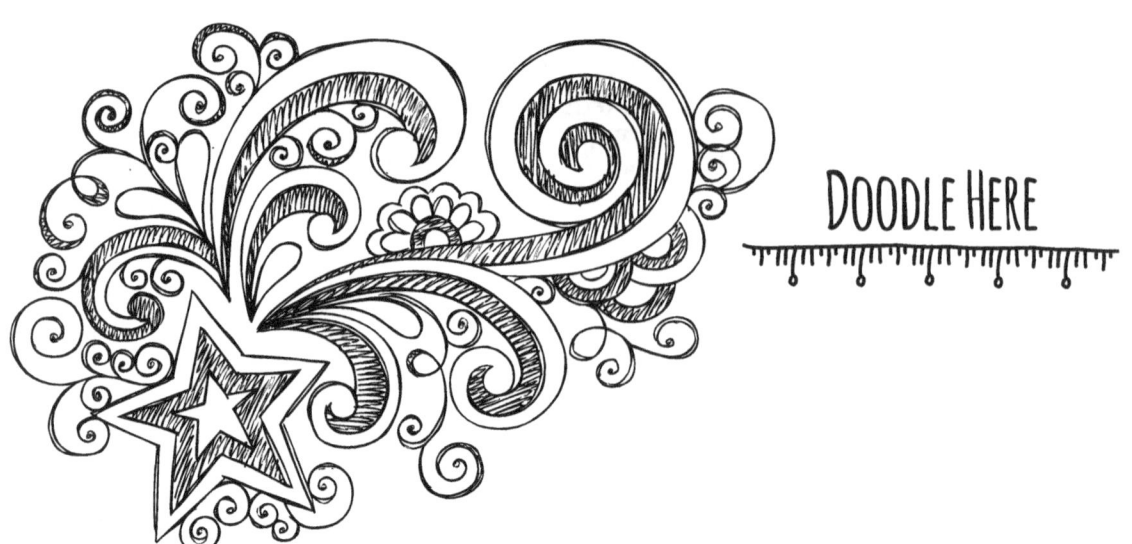

DOODLE HERE

DOODLE HERE

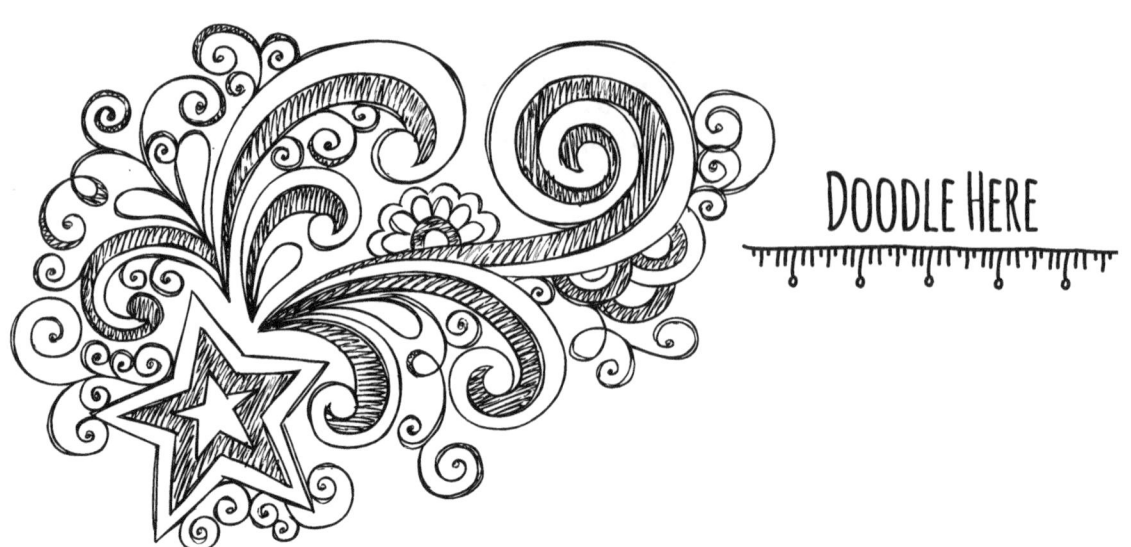

DOODLE HERE

DOODLE HERE

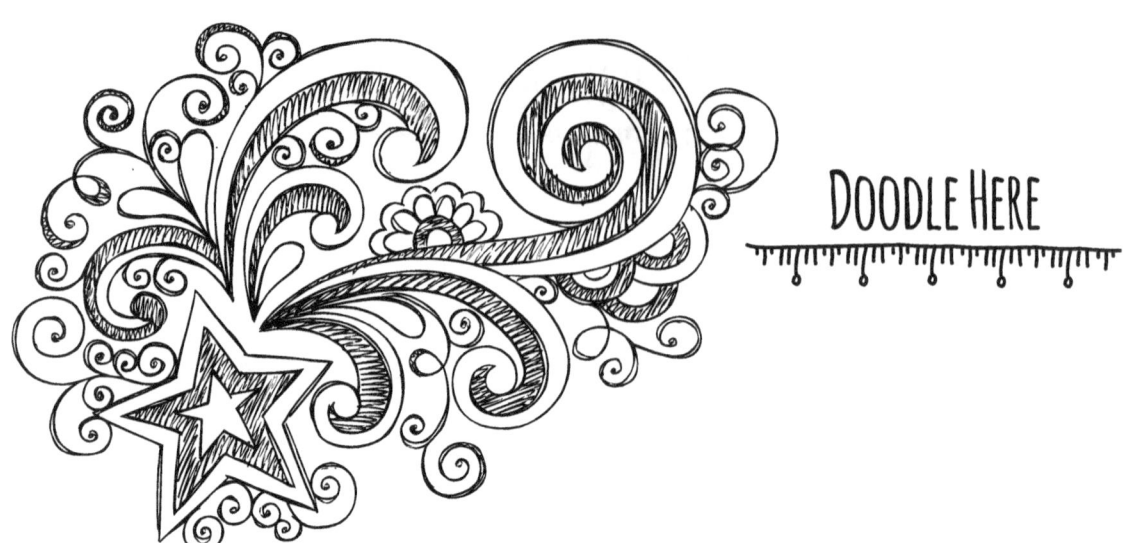

DOODLE HERE

DOODLE HERE

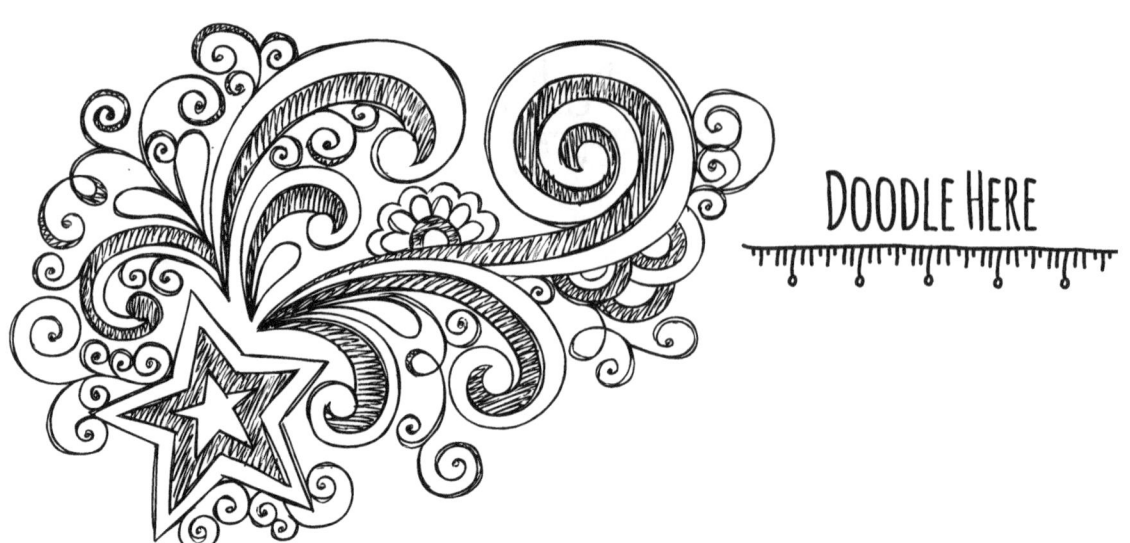

DOODLE HERE

DOODLE HERE

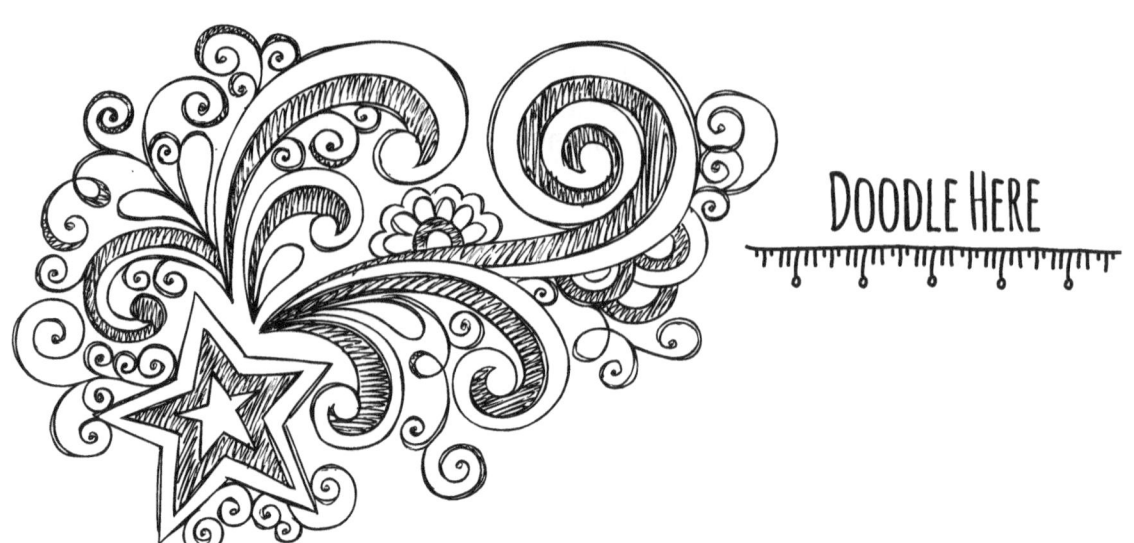

DOODLE HERE

Doodle Here

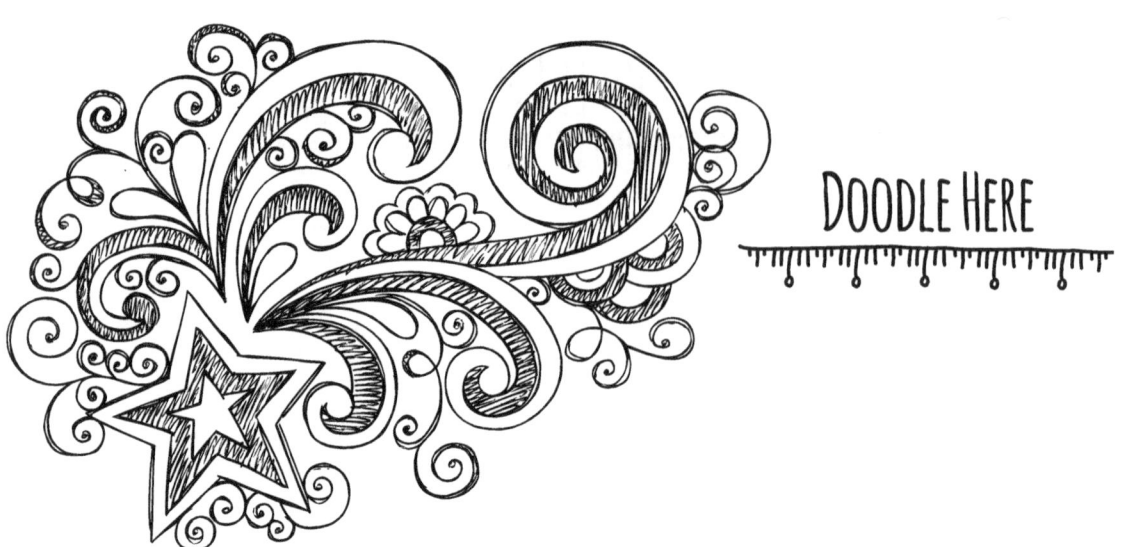

DOODLE HERE

DOODLE HERE

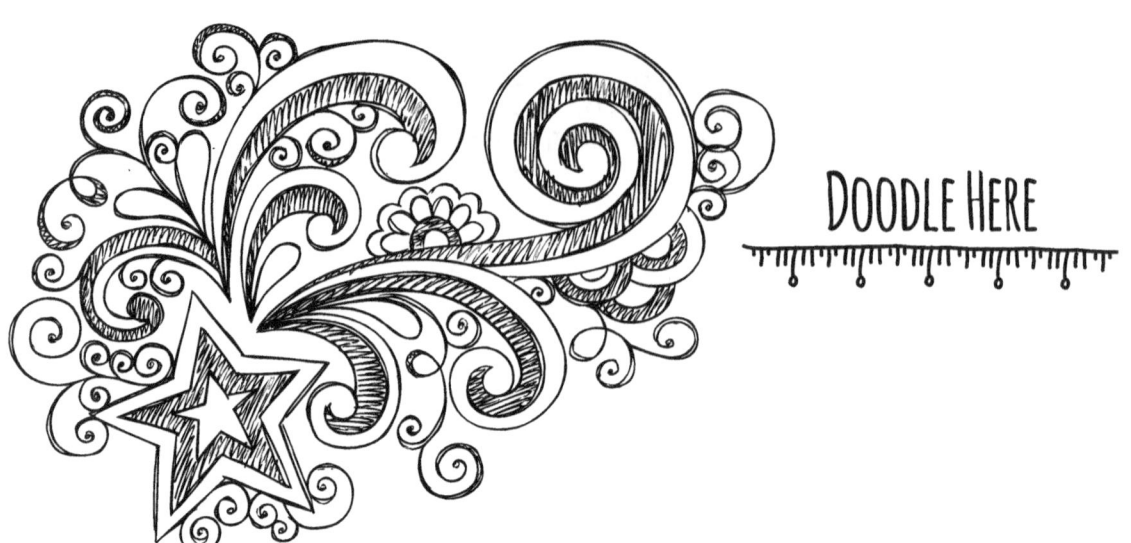

DOODLE HERE

DOODLE HERE

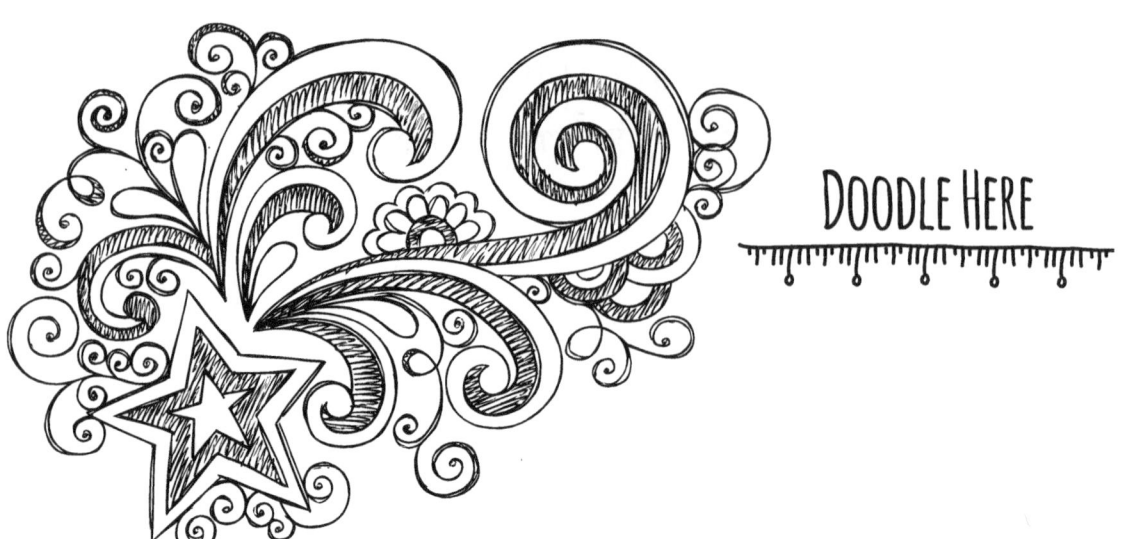

DOODLE HERE

DOODLE HERE

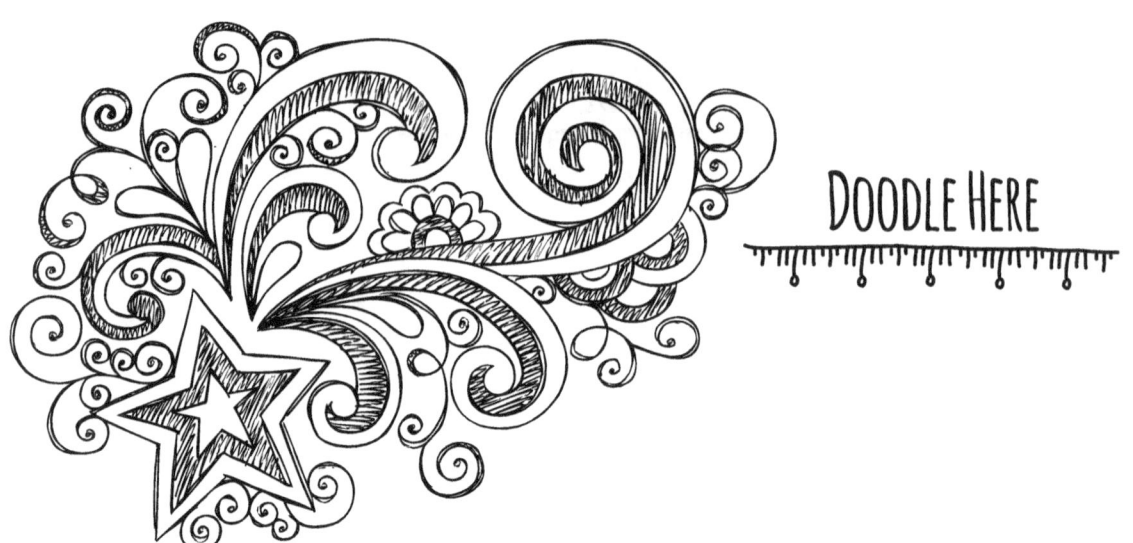

DOODLE HERE

DOODLE HERE

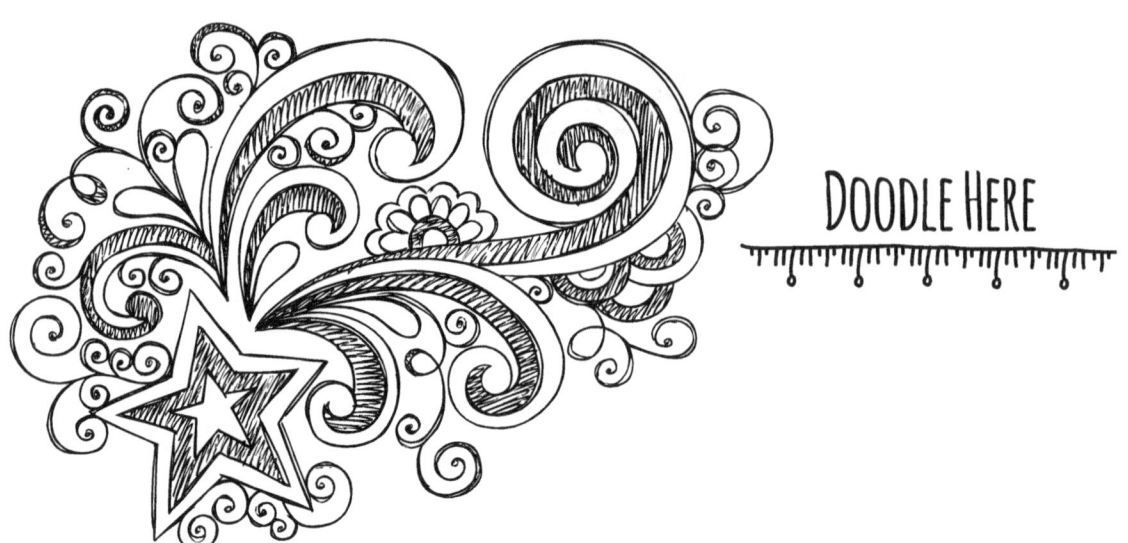

DOODLE HERE

DOODLE HERE

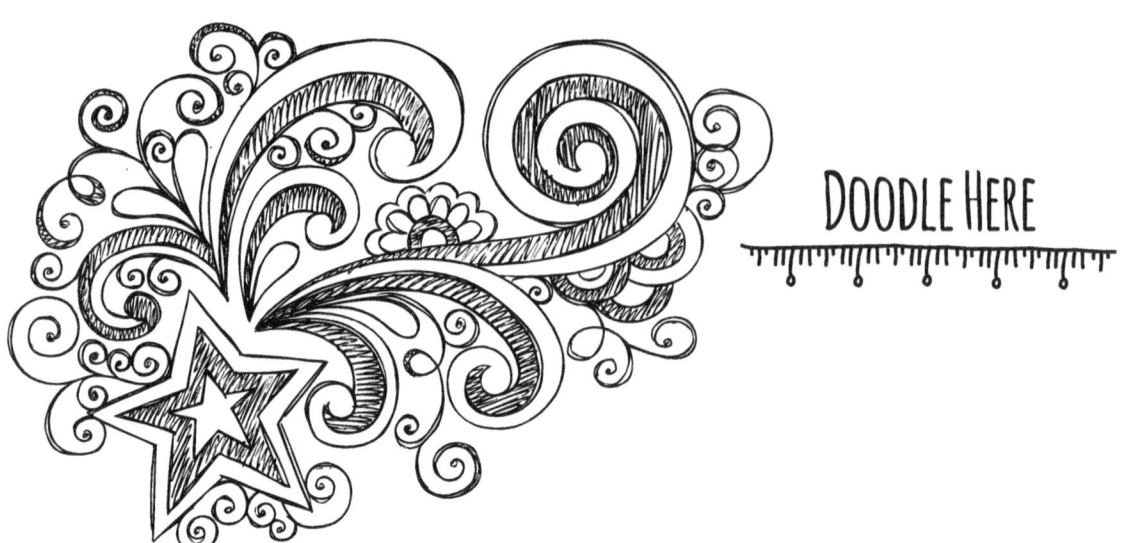

DOODLE HERE

DOODLE HERE

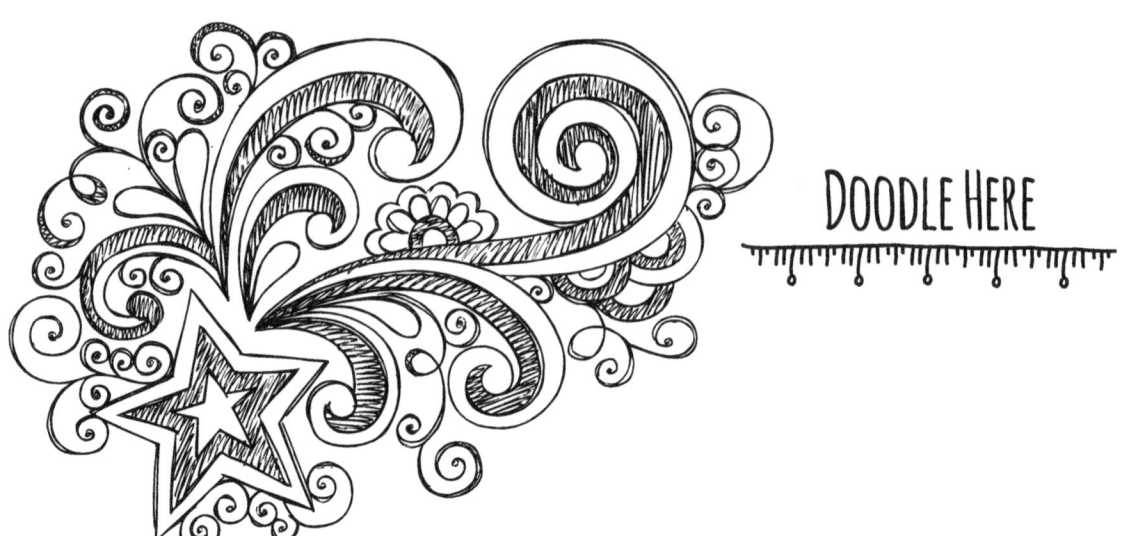

DOODLE HERE

DOODLE HERE

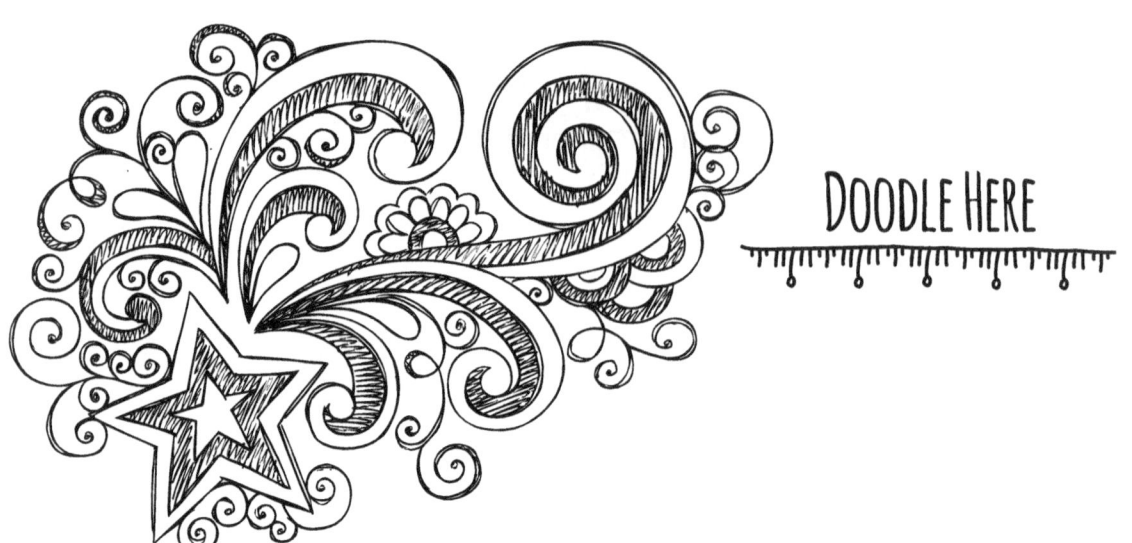

DOODLE HERE

Doodle Here

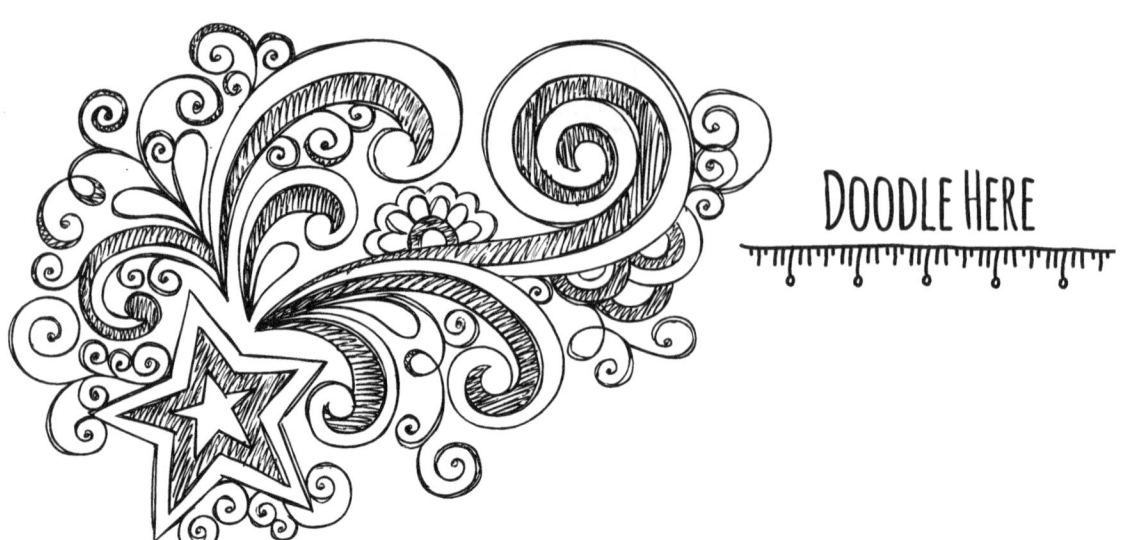

DOODLE HERE

DOODLE HERE

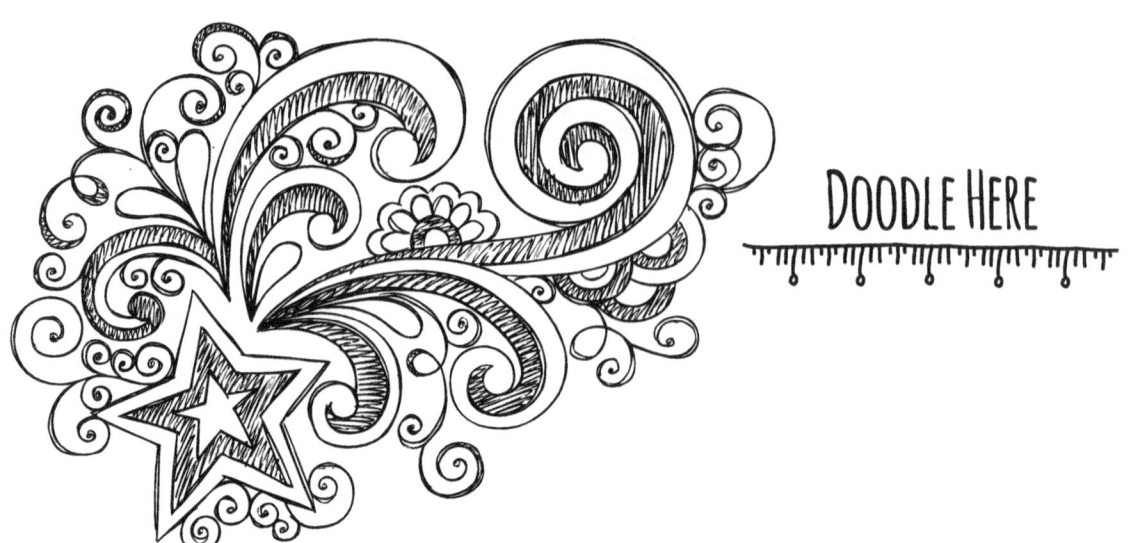

DOODLE HERE

DOODLE HERE

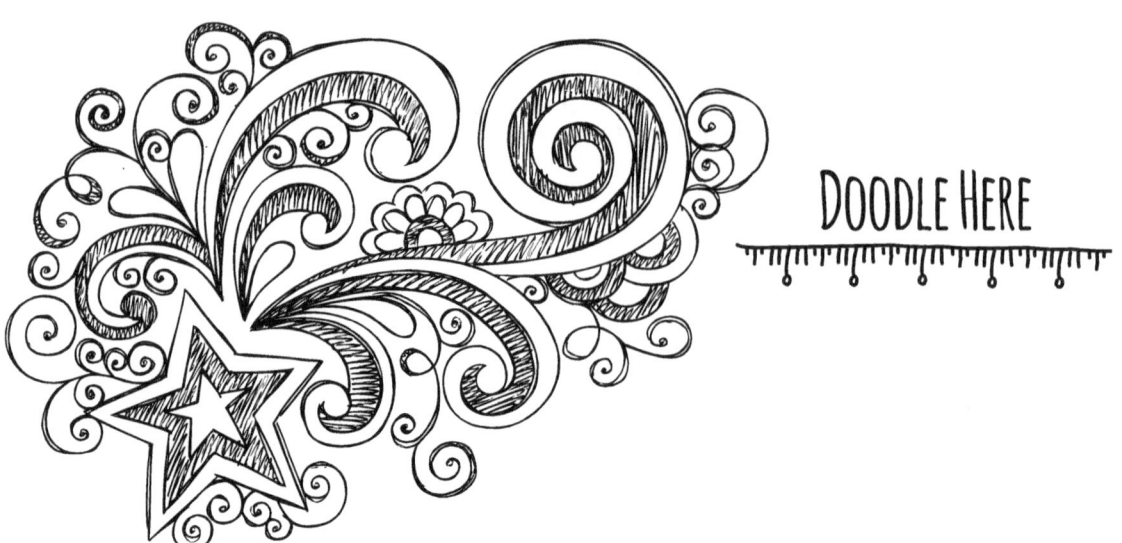

DOODLE HERE

DOODLE HERE

SOCORRISMO EN MEDIO ACUÁTICO Y PRIMEROS AUXILIOS

Actividades Físicas y Deportivas

Francisco Rubio Peralvo

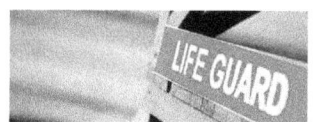

SOCORRISMO EN MEDIO ACUÁTICO Y PRIMEROS AUXILIOS

Actividades Físicas y Deportivas

Francisco Rubio Peralvo

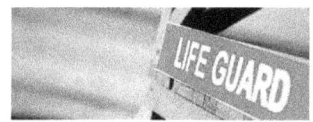